PRINCESS TABATHA'S

Le Nouveau Tour de la Princesse Tabatha

Écrite et adaptée par Philip Hawthorn
Illustrations : Stephen Cartwright
Maquette : Fiona Brown
Rédaction : Judy Tatchell
Traduction : Renée Chaspoul

Le roi Théodore et la reine Félicité étaient aimés de tous dans le pays. Toutefois, on ne pouvait en dire autant de leur fille, la princesse Tabatha. Celle-ci était une vraie petite peste.

Tabatha adorait faire des tours aux gens. Comme : mettre du yaourt moisi sous la poignée des portes, de sorte que les serviteurs se salissaient sans cesse les mains ; s'approcher du chat de la cuisinière lorsqu'il dormait et aboyer, pour faire miauler l'animal de terreur.

Son tour préféré, toutefois, était de lever le pont-levis au moment où la limousine royale arrivait au palais. Elle adorait la voir freiner brutalement devant les douves.

Elle aurait mis des araignées énormes dans le lit des visiteurs importants, si ce n'était qu'elle avait une peur affreuse des araignées.

Un jour, Tabatha se trouvait dans sa salle de bains privée. La reine croyait qu'elle se lavait les dents, mais en réalité, elle était en train de fabriquer des bombes à eau pour les lancer de la fenêtre sur les sentinelles du château. Elle remplit le dernier sac d'eau, puis alla ouvrir la porte fermée à clé. Celle-ci était coincée. Elle poussa plus fort et la clé finit par tourner. Mais cela avait donné une idée à Tabatha. Elle oublia les bombes à eau aussi sec. La princesse referma la porte à clé et hurla :

« Au secours, je suis coincée ! »

La cuisinière entendit ses cris et se précipita en haut. Elle fit tous ses efforts pour ouvrir la porte, pendant qu'à l'intérieur, Tabatha lisait tranquillement une bande dessinée.

Au bout de dix minutes, Tabatha tourna la clé, ouvrit la porte et dit :

« Suis-je bête ! J'ai oublié la clé. »

La cuisinière allait la gronder lorsque le détecteur de fumée se déclencha dans la cuisine.

« Mes gâteaux ! » s'exclama-t-elle, et elle dévala l'escalier.

Le samedi, comme elle savait qu'un serviteur était en train de mettre du linge dans la machine à laver, la princesse tenta le même tour.

« Au secours, je suis coincée dans la salle de bains ! Au secours ! »

Ce fut un succès. Alors que le serviteur montait l'escalier quatre à quatre, elle ouvrit la porte et dit :

« Je vous ai fait courir ! »

Il était tellement fâché qu'il mit trop de poudre dans la machine à laver le linge et la mousse déborda de partout.

Ce soir-là, le roi et la reine durent se rendre à un important banquet officiel. Anne, la baby-sitter, regardait son feuilleton policier préféré à la télévision lorsqu'elle entendit :

« Au secours, je suis coincée dans la salle de bains ! Au secours !

— J'arrive ! » cria Anne, qui bondit de son fauteuil et monta l'escalier aussi vite que possible.

Une princesse Tabatha toute souriante l'accueillit, et lui dit d'un ton railleur :

« Vous avez eu peur, hein ? Ahah ! »

En colère, Anne dit : « Un jour, vous ferez ce tour et personne ne vous croira ! » Ceci réveilla les jeunes princes qui se mirent à brailler, et Anne dut les calmer. Lorsqu'elle put retourner devant la télévision, son feuilleton était fini.

Les jours suivants, la vilaine princesse essaya son nouveau tour sur à peu près tout le monde. Puis le mercredi soir, alors que ses parents se reposaient à la maison, ils entendirent un cri perçant.

« Maman ! Papa ! Je suis coincée dans la salle de bains et il y a une énorme araignée ! Au secours ! »

Le roi et la reine savaient combien leur fille avait peur des araignées. Ils coururent à la salle de bains, mais malgré tous leurs efforts, ne purent ouvrir la porte. A l'intérieur, Tabatha continuait à pleurer très fort.

« Elle doit dire la vérité, dit la reine.

— J'appelle sans plus tarder les pompiers », ajouta le roi.

Bientôt, le hurlement d'une sirène retentit dans la cour du château. Les pompiers se précipitèrent et attaquèrent la porte à coups de hache. Ils la démolirent... pour trouver Tabatha assise dans la baignoire en train de lire.

« Où est le feu ? » demanda-t-elle en souriant, d'un air moqueur.

Le roi devint aussi rouge qu'une voiture de pompiers et se confondit en excuses.

La semaine d'après, une nuit, après que la porte cassée eut été réparée, Tabatha alla chercher à boire dans la salle de bains. La porte neuve était un peu dure et lorsqu'elle voulut sortir, la porte était coincée. Elle tira, elle poussa aussi fort qu'elle put pendant une éternité, mais en vain. La porte était bel et bien coincée. Zut, alors !

Elle s'assit sur le bord de la baignoire. Elle se demandait comment elle allait tourner la situation en un de ses meilleurs tours lorsque ses yeux se posèrent sur quelque chose qui lui glaça le sang. Venant de la bonde de la baignoire rampait la plus grosse, la plus noire, la plus velue des araignées qu'elle eût jamais vue.

Tabatha bondit de l'autre côté de la pièce et se tapit contre le mur, regardant fixement le monstre, qui était maintenant tranquillement installé sur le bord de la baignoire.

Terrifiée, elle ouvrit la bouche, et hurla :

« AAAHHH ! UNE ARAIGNÉE ! AU SECOURS ! JE SUIS COINCÉE ! »

Elle entendit bientôt la voix du roi derrière la porte.

« Tabatha, tu as essayé ce tour une fois de trop – nous ne nous y laissons plus prendre. Tu peux sortir quand tu veux. Bonsoir. » Et il alla se coucher.

Tabatha passa la pire nuit de sa vie. Bien que l'araignée se fût endormie sur le bord de la baignoire, Tabatha s'attendait à ce qu'elle bondisse !

Tabatha resta là, raide, collée au mur, les yeux fixés sur l'araignée pendant toute la nuit.

Au matin, l'araignée venait de disparaître par la bonde lorsque son père ouvrit la porte d'une poussée et découvrit sa fille, blanche comme un linge.

« Ce n'est pas grave, dit-il en regardant la baignoire vide. Tu ferais mieux d'aller au lit maintenant. »

La princesse Tabatha était trop fatiguée pour protester. Elle se coucha et s'endormit bien vite ; mais à son réveil, elle n'était plus du tout la même petite fille.

Fin

Imprimé en Italie.

Millie la Maline

Écrite et adaptée par Philip Hawthorn
Illustrations : Stephen Cartwright
Maquette : Fiona Brown
Rédaction : Judy Tatchell
Traduction : Renée Chaspoul

Au sommet d'une petite colline à pente raide vivaient Millie Binet et son mari. Celui-ci était un homme énorme, avec des muscles d'acier. On ne connaissait que son surnom : Gros Benêt.

La maison des Binet posait deux problèmes : elle était orientée au nord, un vent froid s'engouffrait continuellement en sifflant sous les portes et les fenêtres, même en été ; et leur puits se trouvait au pied de la colline et Millie avait beaucoup de mal à remonter le seau plein.

Gros Benêt était paresseux. Il faisait tout faire à sa femme pendant que lui se vantait de sa force.

« Je suis le plus fort », disait-il. Et pour le prouver, il lançait un rocher à six champs de l'autre côté de la vallée.

« Ma force peut vaincre n'importe qui et n'importe quoi.

— Il vaut mieux en avoir dans la tête, répliquait Millie, la plus intelligente des deux.

— Eh bien, ce ne doit pas être ton cas si tu crois ça », rétorquait Gros Benêt, riant à la pensée de s'être montré plus malin que sa gentille femme.

Mais la semaine d'après, Millie Binet eut l'occasion de prouver ce qu'elle avait raison.

Un vendredi, au déjeuner, alors que Millie revenait de la ville avec les courses de la semaine...

« Es-tu sûr que tu es le plus fort du pays ? demanda-t-elle à Gros Benêt, occupé à lire le journal.

— Oui, tonna-t-il. Pourquoi ?

— Un homme en ville prétend que c'est lui le plus fort. »

Gros Benêt s'arrêta de lire et parut soudain très inquiet. Il demanda :

« Deux mètres, une barbe, des cheveux roux, un regard fixe et des poings aussi gros qu'une pastèque ? »

Sa femme réfléchit un instant.

« C'est lui. Il s'appelle...heu ?

— Boris, dit doucement Gros Benêt, l'œil hagard.

— Oui, c'est ça. Tu le connais ?

— Si je le connais ? hurla Gros Benêt. Je crains de t'avoir menti tout ce temps. Ce n'est pas moi le plus fort du pays, c'est lui. Mais ça fait des années qu'il est dans le Sud, je ne pensais pas qu'il viendrait ici. »

Il s'interrompit pour réfléchir.

« Peut-être n'est-il ici que pour la

journée... Oui, c'est ça, maintenant il doit être reparti chez lui.

— Oh que non, dit Millie en regardant par la fenêtre. Il traverse juste la vallée et vient vers la maison, regarde ! »

Gros Benêt se mit à hurler, bondit et courut autour de la pièce comme un fou.

« Il va me rouer de coups, me cogner, m'estropier ! Qu'est-ce que je vais faire ?

— Eh bien... dit sa femme.

— Millie, tu n'as pas une idée ?

— Que feras-tu si je t'aide ? demanda-t-elle.

— Tout ce que tu voudras, répliqua-t-il, en devenant plus blanc qu'un ours polaire dans une tempête de neige.

— Bon, d'accord, dit-elle en réussissant à le faire entrer dans un petit lit dans un coin de la pièce. Reste là, ne dis rien et prends ça. » Elle lui tendit une grosse pierre.

Dix longues minutes passèrent. Puis on frappa à la porte, si fort que toutes les vitres en tremblèrent. Millie ouvrit et se trouva face à l'énorme silhouette de Boris. Il était encore plus grand que dans son souvenir.

« Où est Gros Benêt ? demanda-t-il en crachant ses mots comme des pépins de raisin.

— Il n'est pas là, répliqua Millie. Il est parti dans le Sud. Il a dit qu'il allait y chercher un homme du nom de Boris. Puis il a dit qu'il allait le tabasser et le transformer en bouillie.

— Quoi ! s'exclama l'homme. C'est moi Boris !

— Oh, c'est drôle ! dit Millie en le regardant de la tête aux pieds. Il a dit que vous étiez grand et fort. »

Boris grogna.

« Mais je suis grand et fort ! Je suis plus grand et plus fort que lui.

— Alors, vous pouvez faire tout ce qu'il peut faire.

— Et même plus, dit Boris. C'est moi Boris le Brave ! C'est moi Boris le Brillant ! C'est moi Boris le... euh ! »

Mais il ne put rien trouver d'autre commençant par la lettre B.

Millie se demanda pourquoi tant d'hommes passaient tant de temps à se vanter de leurs mérites. Puis elle dit :

« Tous les jours, Gros Benêt tourne la maison vers le Sud pour qu'elle reçoive le soleil.

— C'est un jeu d'enfant », dit Boris en enlevant sa veste, qui, pliée en deux, aurait pu faire une tente.

Il appuya son épaule contre la maison et se mit à pousser. Dans un extraordinaire grondement accompagné d'un raclement, la maison fut lentement orientée dans l'autre sens. Millie cligna des yeux dans le soleil et respira l'air doux et chaud.

« Et voilà, dit Boris. Qu'est-ce qu'il peut faire d'autre ?

— Gros Benêt est si fort qu'il pourrait enfoncer un long morceau de bois à travers la colline, dit l'intelligente femme.

— Une affaire de bébé ! » dit Boris, qui alla chercher un rondin aussi haut que la maison de Millie.

Il le souleva au-dessus de sa tête et, poussant un cri tonitruant, le planta si fort dans le sol qu'il disparut totalement dans la colline.

« Et voilà ! » dit-il, triomphant. Millie regarda dans le trou et y lança un petit caillou. Il y eut un silence, puis... « floc », la pierre avait touché de l'eau. « Chouette ! Enfin un puits au sommet de la colline », se dit Millie.

« À présent, vous feriez mieux de descendre dans le Sud pour vous battre avec Gros Benêt », dit Millie.

Boris était plutôt fatigué, bien qu'il n'en dise rien.

« Je crois que je vais manger un peu de pain avant de partir », dit-il en écartant Millie pour entrer dans la maison.

C'est alors qu'il aperçut Gros Benêt dans le lit.

« Gros Benêt ! » gronda-t-il en traversant la pièce. Benêt se mit à trembler. Il serra si fort la pierre que lui avait donnée Millie qu'elle se brisa en mille morceaux.

Avant que Boris atteigne le lit, Millie se mit à crier :

« Attention, Boris, c'est bébé Binet. Si vous lui faites mal, Gros Benêt ne sera pas très content. »

Boris s'arrêta.

« Bébé Binet ? » répéta-t-il.

Puis il jeta un coup d'œil à la pierre cassée par terre et se sentit soudain très faible. Il quitta la maison à toute vitesse, dévala la colline en courant et on ne le revit plus jamais dans les environs.

Gros Benêt avait eu si peur qu'il trembla encore pendant trois jours. Mais il tint parole et finit par admettre :

« Tu avais raison, Millie Binet : mieux vaut en avoir dans la tête. Je suppose que maintenant, tu vas vouloir que ce soit moi qui fasse tout à la maison.

— Non, dit Millie. N'en fais que la moitié... et arrête de te vanter. » Et tous deux vécurent très heureux jusqu'à la fin de leurs jours.

Fin

Imprimé en Italie.

LE ROI QUI AVAIT TROIS ENFANTS

Écrite et adaptée par Philip Hawthorn
Illustrations : Stephen Cartwright
Maquette : Fiona Brown
Rédaction : Judy Tatchell
Traduction : Renée Chaspoul

Il y a longtemps, dans un pays lointain, vivait un vieux roi qui avait trois enfants. Ils s'appelaient prince Crispin, prince Horace et princesse Emilie. Le roi les aimait tous tendrement, mais il savait qu'il devait en choisir un pour être le futur roi ou la future reine. A mesure que le roi vieillissait, son inquiétude grandissait. Il restait éveillé la nuit.

« Lequel choisir pour régner ? » demandait-il à son nounours.

Puis un matin, il s'éveilla avec une idée géniale.

Il fit venir ses enfants et leur dit :
« Vous savez que je vous aime tous très fort. »

Ils firent un signe de tête affirmatif. « Mais je ne peux en choisir qu'un pour régner à ma mort. Je vais donc vous faire subir une épreuve. Voici une pièce d'or pour chacun de vous. Celui qui s'en servira pour remplir le palais de haut en bas sera le futur roi ou la future reine. »

Bien que les enfants royaux se fissent un peu de souci, car le palais comportait soixante-quinze pièces et des kilomètres de corridors, ils décidèrent que l'épreuve était juste. Chacun partit donc en quête de ce qui remplirait la demeure.

Le prince Crispin aperçut dans le jardin du palais un oiseau dans son nid avec des brindilles et des plumes.

« Des plumes ! Avec ma pièce d'or, je pourrais en acheter des millions qui rempliront facilement le palais. »

Il partit donc voir l'homme qui fabriquait des lits de plumes.

« Combien de plumes contre cette pièce d'or ? » demanda le prince.

L'homme écarquilla les yeux à la vue de l'or.

« Cinq wagons pleins, assura-t-il.

— Marché conclu ! » dit le prince Crispin.

Et bientôt il repartit à cheval vers le palais avec cinq wagons et un grand sourire.

Le prince Horace examina au marché les rouleaux de tissu, les confitures et les chapelets d'oignons.

« Oh, mon dieu ! soupira-t-il. Une pièce d'or n'achètera pas assez de ces choses pour remplir le palais. »

Il s'apprêtait à renoncer lorsqu'il entendit un berger qui jouait de la flûte. Une flûte ! De la musique ! Il lui vint aussitôt une idée qui le remplit de joie.

« Veux-tu me vendre ta flûte pour une pièce d'or ? demanda le prince Horace au berger.

— Et comment ! » fut la réponse. Le prince donna donc la pièce et sur tout le chemin du retour, il joua un air gai sur sa nouvelle flûte.

La princesse Emilie chercha toute la journée quelque chose à acheter.

« C'est inutile, se dit-elle. Le palais est trop grand. Je n'aurai qu'à dire à Père que j'ai échoué. »

C'est alors qu'elle aperçut la lueur d'une petite boutique. Elle regarda par la fenêtre et vit le marchand qui allumait les bougies de ses lanternes.

« Bien sûr ! » Elle se précipita dans la boutique et acheta autant de bougies qu'elle put. Puis elle retourna en courant et en riant au palais avec son paquet.

Ce soir-là, dans la salle du trône, le roi dit à ses trois enfants :

« Montrez-moi ce que vous avez acheté, pour que je puisse choisir celui qui me succédera. »

Le prince Crispin apporta ses plumes, qui s'envolèrent partout et

firent éternuer tout le monde. Une fois en place, elles ne remplirent que vingt salles du palais.

« Bien, un bon essai ! dit le roi.

— Oh, zut alors ! s'écria le prince, je croyais avoir trouvé la bonne solution, mais visiblement non ! »

Le prince Horace sortit sa flûte. Il la porta à ses lèvres et se mit à jouer. Lorsqu'il eut fini, tout le monde paraissait très étonné.

« Ne comprenez-vous pas ? dit le prince, j'ai rempli le palais de musique.

— Excellent ! dit le roi. Personne ne fera mieux.

— Un moment, Père, dit la princesse Emilie. Ne devrions-nous pas vérifier que la musique est arrivée jusqu'à la cave et au grenier ?

— Fort juste », dit le roi, qui envoya deux serviteurs tout en haut et tout en bas du palais. « A présent, recommence à jouer. » Son fils joua plus fort.

Au bout d'un moment, les serviteurs revinrent.

« Quand allez-vous commencer ? » demandèrent-ils.

Le prince Crispin sourit.

« Ils n'ont pas entendu la musique, elle n'a donc pas rempli toutes les salles du palais.

— Oh, zut alors ! s'exclama Horace, c'est fichu. »

C'était à présent au tour de la princesse Emilie. Tout le monde rit en voyant son petit paquet.

Elle l'ouvrit et envoya les serviteurs mettre des bougies dans des lanternes partout dans le palais.

— Veillez à mettre une lanterne dans chaque pièce, ordonna-t-elle. N'oubliez pas la cave ni le grenier. »

Puis elle partit allumer elle-même les bougies de chaque lanterne.

« Voilà, Père, dit la princesse. J'ai rempli tout le palais... de lumière. »

Le roi, ravi, embrassa sa fille.

« Tu as gagné, un ban pour la future reine !

— Et deux fois zut ! » s'exclamèrent ses frères.

La princesse Emilie fut une bonne reine, qui rendit son peuple très heureux. Par la suite, tous les ans, pour fêter son anniversaire, on allumait des bougies dans toutes les maisons. Ce qui signifiait que non seulement le palais, mais le pays entier, étaient remplis de lumière.

Fin

Imprimé en Italie.

La Femme du Chatelain

Écrite et adaptée par Philip Hawthorn
Illustrations : Stephen Cartwright
Maquette : Fiona Brown
Rédaction : Judy Tatchell
Traduction : Renée Chaspoul

Il était une fois un vieux châtelain qui était très riche. Ses poches étaient pleines à craquer d'argent et son gilet était tendu sur son gros ventre tout rond. Il habitait une maison immense et possédait toutes les terres à perte de vue. Il avait tout ce qu'un homme peut désirer, tout sauf une chose, une femme. Il décida donc de se mettre en quête.

« Je suis si riche que je peux choisir qui je veux, dit-il à son chien qui souriait. Elles vont faire la queue pour m'épouser. »

Un jour, le vieux châtelain admirait ses champs de blé doré lorsqu'il aperçut la fille du fermier.

« Oh ! Oh ! cria-t-il. Je vois là une future femme. Si jeune ! Si forte ! »

Ses yeux d'avare se rétrécirent :

« Et j'économiserai des sous quand elle sera ma femme, car je n'aurai pas à la payer pour travailler. » Il invita donc la jeune fille à venir dans sa demeure l'après-midi même.

Lorsqu'elle arriva, il déclara pompeusement : « J'ai des nouvelles pour vous. J'ai décidé de me marier. Et je vous ai choisie pour femme.

— Vraiment ? répondit la fille du fermier. Eh bien, moi je ne veux pas me marier. Et même si j'en avais envie, vous êtes bien la dernière personne que je choisirais. »

Le châtelain n'en croyait pas ses oreilles. Il bredouilla.

« Mais... mais... vous plaisantez !

— J'en ai l'air ? répliqua-t-elle. Ma réponse est "non" et restera "non" jusqu'à ce que les vaches pondent des œufs et les cochons volent ! »

Avant qu'il puisse ajouter un mot, elle quitta la maison d'un air décidé.

Le visage du vieux châtelain vira au rouge vif et, tapant du pied, il envoya chercher le fermier.

« Votre progéniture est aussi têtue qu'une vieille mûle paresseuse ! rugit-il. Si vous la persuadez de m'épouser, vous ne payerez plus jamais de fermage. » Puis, pointant du doigt par la fenêtre : « Et qui plus est, je vous donne ce pré, celui qui est plein de coquelicots. »

Alors là... cela faisait des années que le fermier convoitait ce pré – et plus de fermage non plus ! Il dit :

« Monsieur, cette idiote de fille qui est la mienne n'a jamais su ce qui valait mieux pour elle. Peut-être, si

nous nous y mettons à deux, trouverons-nous un arrangement qui nous satisfera. »

Ainsi dit ainsi fait, voici le plan qu'ils mirent au point.

Le châtelain organiserait le mariage, avec invités, gâteau et une superbe robe tout prêts. Puis, le jour dit, le fermier dirait à sa fille qu'elle était demandée à la grande maison pour y travailler. Ils étaient certains que lorsqu'elle arriverait, à la vue de tout ce monde assemblé pour le mariage, elle n'oserait pas dire non.

Quelques semaines plus tard, le jour du mariage, le châtelain appela son valet d'écurie et lui ordonna :

« Va vite chez le fermier chercher ce qu'il m'a promis. »

Le garçon partit en courant et, rencontrant le fermier, il lui dit :

« Je suis venu chercher ce que vous avez promis au châtelain.

— Ah oui, répondit le fermier en souriant, elle est là-bas dans le pré. »

Le garçon détala de nouveau aussi vite qu'il put et arriva bientôt dans le pré où la fille du fermier était occupée à râteler le foin.

« Mademoiselle, dit-il en haletant, je suis venu chercher ce que votre père a promis au châtelain. » La jeune fille comprit aussitôt ce que les deux hommes manigançaient.

« Elle est là, emmène-la. » dit-elle en montrant du doigt la vieille jument grise qui paissait l'herbe.

Le valet d'écurie sauta sur la jument et rentra au galop à la demeure du châtelain aussi vite que possible – pas très vite en fait, car la jument était très vieille. Puis il appela à la fenêtre du châtelain :

« Excusez-moi, maître, je l'ai amenée. Elle est en bas.

— Bravo ! dit le châtelain, croyant que le garçon avait amené la fille du fermier. Fais-la monter à l'ancienne chambre de ma mère.

— Mais... ! s'écria le garçon.

— Fais ce que je te dis, tout de suite ! » gronda le châtelain.

Ce ne fut pas chose facile que de persuader la jument de monter l'escalier. Le garçon d'écurie poussa avec force gémissements, les autres serviteurs l'aidèrent en grommelant. Ce manège dura plus d'une heure, jusqu'à ce qu'enfin, ils réussissent à faire entrer l'animal dans la chambre.

« Ça y est ! cria le garçon d'écurie. Qu'elle est têtue !

— Oh oui ! acquiesça le châtelain. A présent, va chercher les servantes et mettez-lui sa robe de mariée, vite, il n'y a pas de temps à perdre. »

Le garçon n'en croyait pas ses oreilles, mais malgré tout, il exécuta ses ordres. Les servantes hurlèrent de rire en tirant sur la robe pour qu'elle recouvre la croupe de la jument. Enfin, elles posèrent le voile de mariée entre ses oreilles.

« Elle est prête ! cria de nouveau le garçon.

— Bien, fais-la descendre, ouvre la porte et annonce la mariée à tous mes invités, dit le châtelain en vérifiant sa coiffure dans un miroir.

— D'accord, monsieur », dit le garçon du haut des escaliers.

Avec beaucoup de coups et de tapes, ils firent descendre la vieille jument grise en robe de mariée. Le garçon ouvrit grand la porte d'entrée

et tous les invités qui étaient assemblés dans le jardin se retournèrent pour voir la mariée.

La jument était là, son voile de travers, en train de mâchonner le bouquet nuptial.

Il y eut un silence étonné de quelques secondes, puis les invités, les servantes et le garçon d'écurie se mirent à rire bruyamment. La pauvre vieille jument eut si peur qu'elle repartit au galop vers la tranquillité de son pré. Quant au châtelain, il fut si abasourdi qu'il s'assit sur son chapeau et l'aplatit.

Dans un champ lointain, la fille du fermier chantait en travaillant. Ce faisant, elle pensait à son avenir, sans l'ombre d'un châtelain.

Fin

Imprimé en Italie.

La Soupe au Clou

Écrite et adaptée par Philip Hawthorn
Illustrations : Stephen Cartwright
Maquette : Fiona Brown
Rédaction : Judy Tatchell
Traduction : Renée Chaspoul

Un soir d'hiver, au soleil couchant, un vagabond frappa à la porte d'une maisonnette pour demander l'hospitalité.

« Bon ! Entrez, bougonna la vieille femme qui habitait là. Mais ne vous attendez pas à ce que je vous donne à manger, mon placard est aussi dégarni qu'un panier percé. »

Le vagabond, transi et affamé, s'assit au coin d'un feu sans joie. Il lui vint alors une idée. En souriant, il sortit un vieux clou de sa poche.

« Ce clou que voilà est magique, dit-il. La nuit dernière, j'ai fait avec la meilleure soupe au clou que j'aie jamais goûtée.

— Une soupe au clou ? Je n'ai jamais rien entendu d'aussi stupide de ma vie, dit la femme en fronçant les sourcils.

— C'est vrai de vrai, continua le vagabond. Il suffit de le faire bouillir dans une casserole. Vous voulez essayer ? »

Bien que vraiment très peu convaincue, la vieille femme décida de jouer le jeu.

« D'accord, dit-elle. Montrez-moi.

— Il faut remplir une marmite à moitié d'eau », dit le vagabond.

La vieille femme alla chercher une marmite que l'homme mit sur le poêle. Il y jeta le clou et ajouta :

« Avec sa rouille ce clou fera
Une délicieuse soupe, je le crois. »

Puis il s'assit et attendit. Au bout d'un moment, prise de curiosité, la femme regarda dans la marmite.

« La nuit dernière, j'ai ajouté du sel et du poivre. Ce qui a fait d'une soupe ordinaire une bonne soupe », déclara le vagabond.

La vieille femme alla donc chercher du sel et du poivre.

Après quelques minutes, elle jeta de nouveau un coup d'œil dans la marmite où se trouvait le clou.

« Dommage que vous n'ayez rien à manger, insinua le vagabond en caressant sa barbe. Un seul oignon aurait fait de cette bonne soupe une très bonne soupe.

— Je suis sûre que je vais en trouver un », dit la femme, dont la curiosité ne cessait d'augmenter. Elle alla regarder dans son garde-manger.

Lorsqu'elle ouvrit la porte, le vagabond vit que les étagères croulaient sous le poids de pots, de légumes et d'aliments divers.

« Eh bien, quelle vieille avare ! » pensa-t-il.

Il attendit un moment, tout en remuant l'oignon dans la soupe en silence. Puis il dit :

« Dommage que vous n'ayez ni carottes, ni pommes de terre pour aller avec cet oignon. Ils auraient fait de cette très bonne soupe une soupe extrêmement bonne. »

La femme qui commençait à avoir faim, disparut de nouveau dans le garde-manger. Elle en produit une brassée de légumes frais qui, épluchés et coupés en dés, furent jetés dans la marmite.

« Ça avance bien, dit-il, mais...

— Quoi ? s'enquit la femme dont l'estomac gargouillait maintenant comme un bruit de tonnerre dans le lointain.

— De la viande bien tendre et maigre ferait de cette soupe extrêmement bonne une soupe extraordinairement bonne. » La femme courut presque au garde-manger et en revint avec un énorme morceau de bœuf qu'elle coupa et donna au vagabond pour qu'il l'ajoute à la soupe.

A présent, la soupe commençait à sentir très bon. Le vagabond dit :

« Dommage de devoir manger une soupe extraordinairement bonne à une table si vide. Tout plat a meilleur goût servi sur une table bien mise, ne croyez-vous pas ?

— Bien sûr », acquiesça la femme. Ne voulant pas gâcher la soupe, elle alla chercher sa plus belle nappe et la mit sur la table. Puis elle sortit des assiettes à soupe en porcelaine, des cuillères en argent étincelantes et des chandeliers avec des bougies.

Le vagabond continua à remuer la soupe, puis il dit :

« Dommage que vous n'ayez rien à manger dans la maison, car un peu de pain ferait de cette soupe extraordinairement bonne une soupe tout simplement suuuper. » De nouveau la femme courut au garde-manger et en rapporta cette fois une miche de pain toute fraîche.

Enfin, le vagabond soupira.

« Qu'y a-t-il ? demanda la femme, l'odeur de la soupe lui mettant l'eau à la bouche.

— J'étais justement en train de penser que c'est bien dommage que nous n'ayons pas de vin pour accompagner la soupe. Avec du vin, ce serait... »

Mais la femme n'écoutait plus.

« Je suis sûre que j'en ai quelque part », dit-elle en se précipitant sur son garde-manger. Elle revint avec une belle bouteille de vin et deux de ses plus beaux verres.

« Maintenant, je crois que la soupe est prête pour être mangée », dit satisfait le vagabond en retirant avec précaution le clou qu'il remit dans sa poche. Puis ils s'assirent à la table et firent un vrai festin.

Lorsqu'elle eut fini, la vieille femme déclara que c'était la meilleure soupe qu'elle eût jamais goûtée. Pour le remercier, elle offrit ensuite au vagabond du fromage, de la tarte aux pommes et des chocolats, qu'ils mangèrent en buvant une autre bouteille de vin.

Puis ils se racontèrent des histoires et des plaisanteries jusqu'à ce que les bougies s'éteignent.

La vieille femme donna son lit au vagabond pendant qu'elle sommeillait dans son fauteuil.

Et inutile de parier de quoi ils rêvèrent : de la soupe au clou tout simplement suuuper.

Fin

Imprimé en Italie.

BOUTONNET

Écrite par Ray Gibson
Adaptée par Philip Hawthorn
Illustrations : Stephen Cartwright
Maquette : Fiona Brown
Rédaction : Judy Tatchell
Traduction : Renée Chaspoul

Un soir, une vieille femme était assise sur sa chaise au coin d'un bon feu. Elle allait s'assoupir lorsque la porte s'ouvrit brusquement et sa petite fille entra.

« Bonjour, grand-mère ! » hurla la fillette tout excitée en courant vers le vieille femme pour l'embrasser.

« As-tu passé de bonnes vacances ? demanda la grand-mère.

— Super ! Nous sommes allés à un endroit appelé Lillia, et tu sais quoi ? Le jour de notre départ, tous les gens marchaient un doigt sur...

— Sur le bout du nez pour l'aplatir, comme un bouton ? acheva la vieille femme.

— Oui ! dit la fillette. Comment le sais-tu ? »

La vieille femme soupira. La lueur du feu éclairait à peine l'étincelle qui brillait dans ses yeux lorsqu'elle raconta à sa petite fille l'histoire suivante...

Voici bien longtemps, dans le pays de Lillia, vivaient un pauvre paysan et sa femme. Il y avait à peine un an qu'ils étaient mariés qu'ils eurent un fils. C'était un bel enfant, mais en grandissant, ses parents se rendirent compte que son nez ne grandissait pas.

Celui-ci demeurait tout petit, rond et rose – comme un bouton. Les autres enfants lui couraient après en criant « Boutonnet, Boutonnet ! » Ce qui le rendait triste, car il mourait d'envie d'être leur ami et de jouer avec eux.

Un jour, quand Boutonnet était déjà grand (à l'exception de son nez, bien sûr !), une chose terrible arriva. Une méchante sorcière du nom d'Amère jeta un sort au roi et à la reine de Lillia, les confinant en haut d'une tour de verre. Personne ne pouvait les sauver, car il était impossible d'escalader la tour.

La sorcière prit le pouvoir à Lillia et tout le monde eut peur. À partir de ce jour-là, plus aucun oiseau ne chanta, les fleurs moururent et chacun parlait en murmurant, sans sourire. Le pauvre Boutonnet travaillait au palais, où il était chargé de toutes les corvées telles que chasser les rats des cuisines, aller chercher du bois à la cave et nettoyer les cabinets.

Un soir, Boutonnet entendit des hurlements et des gémissements en provenance de la grande salle à manger. Il alla voir ce qu'il en était et découvrit la sorcière en train de chanter. Elle fêtait son anniversaire et avait bu pour l'occasion trois bouteilles de vin. Un peu nerveux et avalant sa salive, Boutonnet souhaita un joyeux anniversaire à la sorcière.

« Tu as rrraison, dit la sorcière d'une voix rauque. Joyeux... Je suis la reine de tout le pays et personne ne peut m'enlever ce pouvoir. »

Plein d'audace, Boutonnet dit :

« Vous devez être très intelligente, Sorcière Amère, car personne ne sait comment rompre votre sort pour libérer le vieux roi et la reine.

— Bien sûr que non ! Comment savoir que la seule façon de le rompre est de me montrer quelque chose que personne n'a jamais vu auparavant ? répliqua-t-elle. Et même si les gens le savaient, ils ne trouveraient jamais rien, car dès qu'ils auraient trouvé la chose, ils la verraient. Donc lorsque moi je la verrais, ils auraient déjà posé leurs yeux dessus... tu comprends ? »

La sorcière se remit à chanter... si fort que les fenêtres en tremblèrent et le chat se réfugia sous l'escalier.

Boutonnet passa une nuit agitée. Que pouvait être cette chose que personne n'avait jamais vu avant ?

Le lendemain, des gens attendait avec des cadeaux pour la sorcière. Malgré un violent mal de tête, ceci émoustilla beaucoup la sorcière, qui mit une grosse couronne de rubis qu'elle avait trouvée dans le coffre à bijoux.

« Qu'on fasse entrer tous les paysans porteurs de cadeaux ! » cria-t-elle de sa voix la plus majestueuse.

La porte s'ouvrit et le garde-chasse royal entra, portant un plat d'argent contenant un superbe poisson. Ses écailles étincelaient de rouge, de bleu, de vert, et sa queue argentée ressemblait à un rayon de lune.

Boutonnet dit en tremblant : « Je parie que personne n'a jamais vu un poisson comme celui-ci !

— Ne sois pas stupide, rétorqua vertement la sorcière. Cet idiot l'a bien vu lui-même lorsqu'il l'a attrapé. En parlant d'attraper, espérais-tu me prendre à ton tour sournois ?

— Euh, non, Votre Majesté, qu'est-ce qui vous a donné cette idée ? » dit-il en essayant de ne pas rougir. Puis, réfléchissant bien vite, il ajouta :

« Moi aussi j'ai un cadeau pour vous, Sorcière Amère.

— Ah ? dit la sorcière en levant un sourcil.

— Votre Majesté, je voudrais vous donner ceci ! »

Et Boutonnet sortit une assiette sur laquelle étaient posés une pomme verte luisante et un couteau.

« Une pomme ? s'écria la sorcière. En voilà un drôle de cadeau pour une Personne Royale telle que moi !

— Regardez simplement à l'intérieur, Votre Majesté, la pria Boutonnet. Vous allez avoir une très jolie surprise. »

La sorcière s'assit. Elle pensait qu'il y avait peut-être un bijou à l'intérieur. Elle saisit le couteau, coupa la pomme en deux et regarda les deux moitiés en allongeant le cou.

« Eh bien, jeune imbécile, il n'y a rien là-dedans ! » cria-t-elle.

En un éclair, il n'y eut plus rien de la sorcière non plus. Elle disparut dans un nuage de fumée et à sa place, se trouvèrent le roi et la reine. Le tour avait marché ! Le sort était rompu, car la sorcière avait regardé l'intérieur de la pomme, que jamais personne n'avait vu auparavant.

En guise de reconnaissance, le roi et la reine promurent Boutonnet majordome. Et ils décrétèrent en son honneur que chaque année, le jour de son anniversaire, tout le monde devrait appuyer sur son nez – pour l'aplatir comme un bouton.

Fin

Imprimé en Italie.